LES
MOSAIQUES DU HALL
CERCLE D'AIX-LES-BAINS

Du Docteur A. SALVIATI

MONOGRAPHIE

PAR

P. V. BARBIER

MEMBRE EFFECTIF DE L'ACADÉMIE DE SAVOIE

CHAMBÉRY

IMPRIMERIE CHATELAIN, SUCCESSEUR DE F. PUTHOD

4, AVENUE DU CHAMP-DE-MARS, 4

1885

LES

MOSAÏQUES DU HALL

DU

CERCLE D'AIX-LES-BAINS

Du Docteur A. SALVIATI

───※───

MONOGRAPHIE

PAR

P. V. BARBIER

MEMBRE EFFECTIF DE L'ACADÉMIE DE SAVOIE

───※───

CHAMBÉRY

IMPRIMERIE CHATELAIN, SUCCESSEUR DE F. PUTHOD

4, AVENUE DU CHAMP-DE-MARS, 4

—

1885

LES MOSAÏQUES DU HALL

DU

CERCLE D'AIX

« In questa settimana Aix-les-Bains, luogo tanto in-
« cantevole per la sua posizione quanto celebre per la
« salubrità delle sue acque termali, presentò un fatto
« che fara epoca nella storia dell'arte[1] ».

Cette phrase que nous avons relevée dans la *Gazette de
Venise* du 7 août 1883, peut nous servir d'introduction
sur les mosaïques du docteur Salviati et sur celles d'Aix-
les-Bains en particulier.

C'est en effet le 22 juillet qu'avait lieu au Cercle d'Aix
une cérémonie qui, pour n'avoir pas un caractère officiel
et tout en se passant sur un théâtre restreint, devait avoir

---

[1] Pendant la semaine qui vient de s'écouler, il s'est produit à
Aix-les-Bains, localité aussi agréable par sa position que renommée
par l'efficacité de ses eaux thermales, un évènement qui fera époque
dans l'histoire de l'art.

dans le monde des arts, ainsi que le disait le correspondant que nous avons cité plus haut, un grand retentissement.

On découvrait ce jour-là, et on livrait d'une manière complète à l'admiration du public, la décoration de la voûte du Grand Hall qui venait d'être achevée après quelques mois de travail.

L'Académie de Savoie, gardienne des traditions littéraires et artistiques du pays, était représentée à cette solennité par plusieurs de ses membres, et nous avons pensé qu'en raison de l'importance de la surface qu'il s'agissait de décorer, du caractère et de la nouveauté de la décoration, enfin de la notoriété des artistes qui avaient concouru à cette œuvre magistrale dans son invention aussi bien que dans son exécution, il y aurait peut-être un certain intérêt à fixer, d'une manière plus complète que par les différents articles de journaux qui ont paru sur le moment, la mémoire d'un événement qui a réellement une grande importance au point de vue décoratif.

Ayant à pourvoir à l'ornementation d'une superficie de près de 400ᵐ carrés, l'administration du Cercle avait à choisir entre plusieurs genres de décorations qui pouvaient concourir au même but.

La peinture lui offrait toutes ses ressources, soit qu'on l'employât comme moyen de décoration ornemaniste, un peu banale il est vrai, mais d'un prix réduit, soit de grande décoration artistique ou allégorique dans le genre de celle dont les maîtres de la peinture moderne ont couvert la coupole de plusieurs de nos théâtres.

D'un autre côté la mosaïque la sollicitait par l'attrait de la nouveauté, par sa longue durée, sa résistance aux intempéries, etc.

La mosaïque a dit le vieux Ghirlandajo « est la seule peinture de l'éternité ».

Ce procédé a quelque chose de plastique dû aux demi-teintes que l'on peut employer et qui donnent un relief semblable à celui de la sculpture.

En accordant donc la préférence aux mosaïques du docteur Salviati, dont les récentes découvertes avaient eu déjà d'heureuses applications dans différentes capitales de l'Europe, le Cercle d'Aix a fait preuve d'un goût et d'une initiative qui lui font le plus grand honneur et qui, à un point de vue plus général, donneront à notre station thermale, la seconde maintenant en France par son importance, un rang tout à fait hors ligne, parce qu'elle aura été la première à profiter de la restauration d'un art autrefois si florissant, et que le Cercle d'Aix l'aura dotée d'une œuvre de premier ordre qui sera pendant longtemps encore une des curiosités de cette élégante station.

La valeur artistique des mosaïques d'Aix ne saurait en effet être mise en doute. Non pas qu'elles procèdent de l'imitation d'une école déterminée, d'un style connu comme celui de l'époque byzantine ou de la renaissance, mais parce qu'elles présentent toutes les qualités qui distinguent les œuvres d'art.

Que demandons-nous en effet à un travail plastique : de rendre l'objet, l'idée ou le sentiment qui a inspiré l'artiste d'une manière qui nous frappe, nous charme ou nous émeuve, qui éveille en nous de nobles, de généreuses ou de gracieuses images ; et à l'artiste lui-même, pour arriver à ces fins dans l'exécution de son œuvre, la pureté du dessin, l'harmonie de la forme, la vérité de la couleur, etc.

Ces qualités se retrouvent à un degré remarquable dans

les mosaïques du Cercle et justifient largement leur valeur
artistique.

Mais, avant de faire la description détaillée de la décoration du Hall, il ne serait peut-être pas inopportun de
retracer d'une manière sommaire l'histoire de la mosaïque
et l'état dans lequel elle se trouvait, au moment où Salviati conçut la noble et patriotique pensée de la restaurer
et de lui rendre son ancienne splendeur.

Nous dirons aussi quelques mots de la vie et des
recherches savantes de l'artiste éminent auquel le Cercle
a eu la bonne pensée de se confier pour l'exécution de
ses projets.

Salviati est, en effet, une personalité des plus origina-
les, une figure des plus sympathiques et attrayantes que
l'on puisse rencontrer. Son courage et sa persévérance
sont dignes de servir de modèle.

I

Les mosaïques peuvent être divisées suivant les archéologues en quatre catégories :

La première comprend le *Pavimentum rectile*, dallage
composé de marbres de couleurs variées, dont les morceaux sont coupés en segments de formes diverses mais
toujours d'après des lignes géométriques. Telles sont
celles du pavé de l'église Saint-Marc, de l'église cathédrale
de Murano, etc.

La deuxième comprend le *Pavimentum tessellatum
Alexandrinum* ou *tesseris structum*, dallage dont tous les
fragments sont de forme cubique. La majorité des mosaïques romaines appartiennent à ce genre dont on trouve

également de fort beaux spécimens à l'église Saint-Marc, à Murano, au musée Égyptien, à Turin, où subsiste notamment un assez grand fragment de chasse au chameau qui ne manque pas d'intérêt.

Dans la troisième catégorie, on doit ranger le *Pavimentum vermiculatum*, genre de mosaïque qui a pour but de reproduire les effets de la peinture.

Les fragments de pierre, de marbre ou d'émail en forme de petits tubes sont assemblés avec le plus grand soin, et disposés, d'après les besoins de l'œuvre, en lignes qui serpentent et ondulent en suivant tous les contours du dessin. Dans le but de rendre l'illusion avec la peinture plus complète et plus frappante, et afin que le travail fut plus perfectionné, tous les interstices étaient remplis d'un mastic coloré destiné à donner aux couleurs de l'émail un ensemble plus parfait, c'est par ce procédé appelé *système romain* que sont exécutées la plus grande partie des mosaïques d'une grande valeur artistique.

Enfin le *Pavimentum sculpturatum* forme la quatrième catégorie ; il se composait comme les autres mosaïques de pierres aux couleurs variées, mais dont les dessins, au lieu d'être tracés sur une surface plane, se trouvaient tracés en creux ; ces lignes étaient ensuite remplies d'une sorte de mastic noir ou blanc destiné à marquer les différentes teintes du tableau. C'est par ce système qu'a été exécuté le célèbre plan de Rome, dont on voit encore aujourd'hui les restes au Musée du Capitole. On les a trouvés dans l'église des Saints-Cosme et Damien et on les rapporte à l'époque de Caracalla. On y distingue parfaitement le théâtre de Pompée, le temple de Junon et Jupiter, la basilique Ulpienne, etc.

Pline attribue l'invention de la mosaïque aux Grecs qui

l'auraient ensuite introduite en Italie, d'où elle se serait répandue, grâce aux conquêtes de Rome, partout où s'établit sa domination. Cependant on est généralement d'accord que cet art était connu bien avant les Grecs dans l'Extrême-Orient, et quelques auteurs veulent qu'il ait pris naissance en Perse.

Il est indubitable que les anciens Egyptiens le connaissaient et on peut voir au Musée égyptien de Turin, créé par le roi Charles-Albert, un fragment de cercueil sur lequel est incrustée une mosaïque en émail d'un travail très fin.

Dans la Bible, le livre d'Esther mentionne un riche pavage sur lequel des pierres précieuses faisaient une sorte de peinture. De l'Orient, la mosaïque passa en Grèce où elle avait acquis une telle réputation qu'il n'est point étonnant que Pline, ainsi que nous le disions plus haut, ait pensé à faire honneur de cette invention aux artistes grecs, parmi lesquels il se plaît à citer tout particulièrement Sosus de Pergame comme un ouvrier très expert en mosaïque. Il existe au musée du Capitole une salle dite des Colombes, qui a reçu ce nom d'une incomparable mosaïque que l'on attribue généralement à cet artiste. Le cardinal Furietti qui l'avait trouvée en 1737 dans la villa d'Adrien la vendit au pape Clément XIII.

Pline en parlant de Sosus et d'une mosaïque de Pergame la décrit dans les termes suivants : « *Mirabilis ibi columba bibens, et aquam umbra capitis infuscans; apricantur aliœ scabentes sese in cathari labro* ». On remarque avec admiration une colombe qui boit tandis que l'ombre de sa tête se projette dans le bassin; d'autres colombes qui s'épluchent prennent le soleil sur le bord du bassin.

De la Grèce, cet art passa en Italie où il devint bientôt très populaire, et constitua un moyen de décoration très recherché des riches romains qui en ornaient leurs somptueuses demeures, les temples de leurs dieux, ou leurs thermes grandioses.

La première mosaïque dont il est question chez les Romains est celle de Sylla, faite à Préneste environ 170 ans avant J.-C. et qui formait en partie le dallage du temple de la Fortune.

Le palais Barberini possède un fragment de cette mosaïque si renommée. On y voit des animaux divers, une tente avec des soldats, des figures égyptiennes. On pense qu'elle représente les fêtes qu'on célébrait en Egypte à l'occasion de l'inondation du Nil.

Parmi les mosaïques romaines qui sont venues jusqu'à nous, on peut citer celle qui a été trouvée à Pompéi, il y a plusieurs années, et qui est conservée dans une des salles du Musée National italien. Elle représente, dit-on, la bataille d'Issus et ne contient pas moins de 25 personnages de grandeur presque naturelle.

La partie gauche de ce travail manque complètement, le reste est endommagé sur plusieurs points ; mais ce qu'on a pu conserver suffit pour faire comprendre à quel degré de perfection était arrivé cet art chez les Romains.

Dans une des salles du Musée chrétien au Palais de Latran, on voit les restes d'une magnifique mosaïque trouvée hors de la porte Saint-Paul. On y avait représenté les emblèmes de la Tragédie et de la Comédie, ainsi que les restes d'un repas, tels que des écailles d'huîtres, des feuilles de salade, du poisson, des écrevisses, etc.

On peut juger de la finesse du travail par ce fait qu'on y compte 7,500 pièces sur une palme carrée, tandis qu'il n'y en a que 6,400 sur le même espace dans la fameuse mosaïque des Colombes au Capitole.

C'est dans le même palais que l'on voit aussi une mosaïque très renommée, dite des Pugiles, trouvée dans les thermes de Caracalla et qui représente 28 lutteurs de grandeur colossale avec leur nom, 26 bustes et 9 autres sujets divers. Parmi les belles mosaïques que nous ont léguées les temps antiques, on peut encore citer celles qui ornent plusieurs salles du palais du Vatican, notamment celles qui se trouvent dans la salle à croix grecque et dans la salle ronde, bâties toutes deux par le pape Pie VII, et qui ont été trouvées soit dans la villa de Cicéron à Tusculum, soit à Fallerone dans la Marche d'Ancône.

La mosaïque qui forme le pavé de la salle ronde a été trouvée en 1780 à Otricoli. Elle est plus importante que les précédentes ; on y voit représentés au milieu, la tête de Méduse et tout autour le combat des Centaures et des Lapithes, puis des Néréides, des Tritons et autres divinités marines. Tous ces sujets sont entourés de guirlandes de fleurs qui forment les différentes divisions.

Celles du Braccio Nuovo et de l'hémicycle de cette grande galerie de bustes, trouvées en 1801 à Poggio Mortero, celles de la salle des animaux trouvées à Palestrina, celles du cabinet des Masques trouvées dans la villa d'Adrien et celles de la chambre des Muses trouvées dans l'ancien Lorium, aujourd'hui Castel di Guido, sans avoir la même importance que celles dont nous avons parlé plus haut, offrent encore d'intéressants spécimens de cet art dont on voit encore de beaux échantillons au palais Borghèse et à la villa Albani.

C'est encore à l'époque romaine des premiers siècles de l'ère chrétienne sans doute, qu'il faut rapporter les mosaïques que l'on a découvertes récemment sur quelques points de la ville de Vérone si intéressante par ses souvenirs historiques et archéologiques.

Ces mosaïques appartiennent au genre *Pavimentum tessellatum Alexandrinum.*

Malheureusement l'une d'elles, trouvée en creusant une cave dans la via della Balena, a été entièrement recouverte de terre et de sable dans la terrible inondation de l'Adige du 17 septembre 1882, et il n'est plus possible d'en rien voir actuellement.

Mais celle que le chapitre de la Cathédrale est en train de faire déblayer dans le cloître de cette église est admirablement bien conservée, et ce qu'on en voit déjà peut faire supposer qu'on est en présence d'un ouvrage fort ancien et des plus remarquables.

Le Dôme de Vérone étant bâti sur l'emplacement d'un temple dédié à Minerve qui se trouvait lui-même à proximité de Thermes romains, on peut supposer que la mosaïque en question servait de décoration à l'une des salles entourée de colonnes de marbre dont on a retrouvé également un fût et des morceaux.

On ne voit encore que les côtés extérieurs qui ont vingt mètres de longueur sur dix mètres de large, formant bordures avec dessins et petits arabesques divers en petits cubes de marbre blanc, rouge et noir ou bleu très foncé. Le travail en est très fin et très soigné, parfaitement conservé et si dans le milieu on trouve le sujet principal, on aura, grâce à l'initiative du Chapitre du Dôme, découvert un travail mosaïque de la plus grande valeur artistique.

Dans une des dépendances de l'archevêché, nous avons vu également des fragments de mosaïque dont quelques-uns sont encore fort bien conservés.

L'un deux notamment offre un certain intérêt par l'inscription qu'il contient au centre d'un cercle composé d'un entrelac et qui est ainsi conçue :

HIMERIA

GVMSVIS

P. CXX.

Ce qui semble faire remonter l'origine des mosaïques que l'on vient de retrouver au IIe siècle de notre ère.

D'Italie les décorations en mosaïque s'étendirent sur tous les pays conquis, notamment dans les Gaules où l'on en a trouvé un grand nombre, à Lyon, à Nîmes, à Vienne, en Savoie, ainsi que sur d'autres points.

Je n'ai pas besoin de rappeler ici les belles mosaïques de dallage découvertes par M. le marquis César d'Oncieu à Arbin et qui ornent maintenant la chapelle de son château de la Bâthie. La célèbre église de la Daurade à Toulouse, *Santa Maria Daurata*, doit son nom à une remarquable mosaïque exécutée au Ve siècle et qui couvrait le sol et les murs en les faisant resplendir de reflets dorés.

Parmi les mosaïques remarquables de cette époque qui n'ont pas été détruites entièrement comme la précédente, on peut voir encore les restes de l'admirable travail qui existe à Germigny-des-Prés près de Saint-Benoit-sur-Loire.

C'est un chef-d'œuvre de l'art qui a été chanté par Théodulf, évêque d'Orléans au IXe siècle.

Elle est placée sur la muraille derrière l'autel en guise de tableau et représente le Christ le bras étendu avec des anges à ses côtés.

Les mosaïques grecques et romaines, tout en étant d'un

genre essentiellement décoratif, étaient, cependant dans l'ensemble, faites dans le principe de petits morceaux de marbre coloriés en de différentes nuances naturelles noyés dans un ciment spécial.

Celles d'Arbin, dont nous avons parlé plus haut et qui sont en général de marbre blanc, rouge, bleu et vert, offrent ces caractères.

« Les mosaïstes romains, dit Bachelet, frappés du dé-
« faut de vivacité des couleurs dans les mosaïques à com-
« partiments des Grecs, recoururent aux pierres pré-
« cieuses, aux émeraudes, aux turquoises, aux onyx, aux
« agates, aux cornalines, aux sardoines, etc.

« Mais bientôt la cherté de ces matériaux les força à
« chercher des substances moins coûteuses et comparati-
« vement aussi brillantes. Ce fut ainsi qu'on eut l'idée
« d'employer des pâtes de verre ».

Aucun ouvrage de ce genre n'est parvenu jusqu'à nous, et on peut dire que ce fut seulement à l'époque du Bas-Empire que l'usage de la pâte de verre ou émail devint, dans la fabrication des mosaïques, d'une application générale par les soins des ouvriers byzantins qui décorèrent la coupole de l'église de Sainte-Sophie.

La première application de la mosaïque à la décoration des murailles paraît avoir été faite par les soins des chrétiens dont un grand nombre appartenaient, on le sait, à des familles riches et puissantes de Rome, et qui avaient orné de cette façon les murailles et les voûtes des cryptes et des catacombes dans lesquelles ils se réunissaient pour célébrer en commun les mystères de leur religion.

Le P. Marchi qui a beaucoup étudié les Catacombes de Rome et qui a publié sur ce sujet un ouvrage fort estimé sous le titre de *Monuments de l'art chrétien*, a cité, dit le dictionnaire universel de Larousse, une mosaïque qui ornait un *Arcolosium* [1] dans la crypte des saints Protus et Hyacinthe qu'il avait découverte dans le cimetière de Saint-Hermès et qui représentait le *Paralytique guéri emportant son grabat.*

Nos souvenirs personnels nous rappellent une fresque semblable qui se trouve dans les catacombes de Saint-Callixte, et qui est de la plus haute antiquité puisqu'on assure qu'elle remonte au 1er ou au 11e siècle. Elle a dû, sans doute, servir de modèle à la mosaïque dont parle le P. Marchi.

Pline, de son côté, dit qu'on comprit bien vite tout le parti que l'on pouvait tirer des revêtements en mosaïques pour orner les murailles et les lambris, et il ajoute que cette innovation eut lieu sous le règne de l'empereur Claude.

On sait que plus tard, ainsi que nous le verrons plus loin, on s'en servit pour composer des tableaux et reproduire les œuvres des grands maitres de la peinture.

La mosaïque émigra avec l'empire d'Orient, et c'est sous le règne de Constantin qu'elle prit tout son développement et devint un art tout à fait populaire, dans lequel les artistes byzantins acquirent une grande et légitime réputation.

L'école, fondée par Constantin au IVe siècle, avait produit les plus heureux résultats et les plus belles promesses pour l'avenir, et sous le règne de Justinien, elle était arrivée à l'apogée de sa gloire et de son développement.

---

[1] On appelait *loculus* les niches creusées dans les murs et qui recélaient ou qui avaient recélé un cadavre. Quand ces niches étaient recouvertes d'un arceau cintré elles recevaient le nom de *Arcosolium.*

Dès le ive siècle de notre ère, les mosaïstes siciliens jouissaient également d'une grande réputation et ils venaient même travailler à Rome. Mais dans les siècles suivants, cet art avait dû tomber en décadence complète en Sicile puisque Guillaume-le-Bon, qui vivait au xiie siècle, fut forcé d'appeler des artistes bysantins pour couvrir de mosaïques, que l'on voit encore, les murs du splendide temple de Montreale.

Ce fait ne fut pas du reste spécial à la Sicile. Déjà au ixe siècle les bonnes traditions s'étaient affaiblies, le goût avait changé de nature, les corps s'allongent, l'expression des visages est dure et sévère, les mouvements des personnages sont lourds et empâtés, les figures n'ont plus de vie et la pauvre nature humaine est comme momifiée dans la mosaïque.

D'autre part, il faut reconnaître aussi une absence de perspective et des principes du dessin que les artistes de cette époque ont cru racheter par la profusion des couleurs éclatantes, des fonds et des ornements d'or et par l'usage assez fréquent des pierres précieuses sans parvenir à dissimuler ces graves imperfections.

En un mot, le grand art disparaît de l'Orient et il ne reste plus aux artistes grecs que le souvenir d'un glorieux passé et la pratique matérielle. Ils savent encore fondre l'émail, procédé dont ils se croiraient volontiers les inventeurs, ils savent préparer le ciment et disposer les petits cubes les uns à côté des autres ; mais, pour retrouver l'art véritable, nous devons revenir en Italie où nous voyons que les contrées occidentales qui restèrent sous l'influence directe de Rome, ne subirent que momentanément (un demi siècle à peu près) cette influence néfaste dont nous trouverons des spécimens dans quelques mosaïques dont nous parlerons plus loin, et reprirent bientôt leur personnalité.

En Italie, en effet, l'art de la mosaïque, cet art capable de braver le cours des siècles, s'il resta stationnaire quelque temps, ne se perdit jamais et si nous lui devons de connaitre quelques échantillons de la peinture des anciens, nous trouvons encore dans les principales églises de ce pays une série de travaux au moyen desquels il est possible de suivre pas à pas son histoire.

L'Italie du Moyen-Age nous donnera les mosaïques de Rome au IVᵉ siècle, celles de Ravenne au VIᵉ[1], celles de Rome encore au IXᵉ; elle nous offrira les travaux exécutés à Saint-Ambroise de Milan, ceux de la cathédrale de Capoue; elle nous montrera un pontife italien du VIIIᵉ siècle ordonnant la décoration de toutes les églises en mosaïque.

Les mosaïques de Saint-Marc nous conduiront jusqu'à la décadence de cet art.

II

Commençons cette revue rapide par les églises de Rome. On doit considérer comme appartenant aux IVᵉ et Vᵉ siècles, les mosaïques de la basilique de Sainte-Marie-Majeure qui décorent les parois latérales de la grande nef. Il y en avait autrefois 46. Par suite de changements dans la forme de l'édifice ou de détérioration, il n'en reste

[1] Nous ne faisons qu'indiquer les mosaïques de Ravenne, nous n'avons parlé un peu en détail dans ce travail que de celles que nous avons vues par nous-même.

plus que 27, représentant des faits tirés de l'Ancien Testament et qui ont trait à la maternité divine de la Vierge.

L'arc triomphal est décoré d'une mosaïque du ve siècle, œuvre de grande dimension, et se compose de trois zônes qui représentent des scènes tirées de l'Ancien Testament et qui sont conçues dans le même ordre d'idées que la précédente.

La première zône est consacrée dans l'ensemble à l'Annonciation, et on est d'accord pour trouver que le mosaïste a rendu parfaitement la pensée mystique des Pères du Concile d'Ephèse.

La seconde zône, conçue également dans le but de protester contre l'hérésie du patriarche Nestor, a pour sujet principal l'Adoration des Mages. Enfin la troisième représente comme sujet principal le Massacre des Innocents.

Les divers archéologues qui ont décrit ces mosaïques ne sont pas tous d'accord sur l'interprétation de quelques-uns des sujets de cette grande et belle composition qui, dans la pensée de son auteur, doit être une glorification de l'essence divine de la naissance du Christ.

Au point de vue de l'art, les mosaïques de Sixte III, dit M. Vitet, sont bien inférieures de style et de caractère à celles de Sainte-Pudentienne et même à celles de Sainte-Sabine. On les dirait d'une autre époque. Toutefois l'influence directe des barbares ne s'y fait point encore sentir, les figures bien qu'un peu lourdes restent romaines de types et de costumes [1].

Au sujet de la mosaïque qui décore l'abside de l'église de Sainte-Pudentienne, les auteurs ne sont point davan-

---

[1] Vitet. Les mosaïques modernes de Rome.

tage d'accord sur l'époque à laquelle elle doit remonter.
M. Barbet de Jouy la fait contemporaine du VIIe siècle ;
M. Vitet au contraire l'attribue au IVe « si même, dit-il,
« quelques preuves nouvelles ne nous démontrent pas un
« jour qu'elle est encore un peu antérieure et qu'elle
« appartient même au règne de Constantin ».

Personnellement, nous nous rangerions plus volontiers
à l'opinion de M. Vitet. Mais quelle que soit l'époque
à laquelle elle appartient, ils sont d'accord tous les
deux pour la proclamer une des plus belles de Rome
chrétienne, pour en louer sans restrictions la composition
habile, la disposition savante et animée des personnages,
la distribution des groupes sur des plans divers, les atti-
tudes variées, le dessin ferme et expressif, les figures d'un
caractère austère et d'un grand style.

Elle représente le Christ bénissant d'une main sainte Pudentienne et sainte Praxède qui couronnent elles-mêmes
saint Paul et saint Pierre. La mosaïque de Sainte-Sabine
n'est plus qu'un fragment représentant deux figures sur
fond d'or avec lettres d'or sur fond bleu lapis. Les
deux figures symbolisent l'une l'église des Circoncis,
l'autre l'église des Gentils.

Citons encore comme appartenant à cette période sécu-
laire la mosaïque de l'oratoire de saint Jean l'Evangé-
liste à côté du baptistère de saint Jean de Latran, qui
présente les caractères principaux de l'ornementation
classique de cette époque.

La basilique majeure de Saint-Paul hors les murs pos-
sédait, il y a encore quelques années, des mosaïques remarquables du VIe siècle notamment les portraits de tous
les papes. Dans le terrible incendie du 16 juillet 1823
qui détruisit une grande partie de cette église, la plupart

de ces richesses artistiques et archéologiques devint la
proie des flammes. On ne sauva que 40 portraits des
papes et une mosaïque que le pontife Grégoire XVI fit
rétablir à la place qu'elle occupait autrefois dans la voûte
de l'abside, et qui représente Notre-Seigneur Jésus-Christ
assis sur son trône bénissant de la main droite et tenant
un livre ; Honorius III est agenouillé à ses pieds, plus
bas se trouvent les douze apôtres debout. Il y a beaucoup
d'analogie entre la disposition et l'attitude des figures de
cette mosaïque avec celle de Sainte-Pudentienne dont nous
avons parlé plus haut, analogie qui serait de nature à
confirmer l'opinion de M. Vitet relativement à l'époque de
sa facture.

On peut rattacher aussi aux ve ou vi^e siècles les deux
mosaïques fort belles de l'église des SS. Cosme et Damien,
celle de l'Arc ou de l'Agneau qui en forme le sujet principal, celle de l'abside au sommet de laquelle apparaît le
Sauveur debout, la main droite levée pour bénir, la gauche tenant un livre, probablement l'*Evangile*. Les costumes des différents personnages, saint Pierre, saint
Cosme, saint Félix, le fondateur de l'Eglise, sont magnifiques. Un symbole que l'on rencontre pour la première
fois dans cette mosaïque, mais que l'on retrouve plus
tard ailleurs, est un oiseau dont la tête se détache sur
une étoile rayonnante [1].

Parmi les mosaïques des viie et viiie siècles, on distingue à Rome celles de l'église de Sainte-Agnès hors les
murs et celles de Saint-Pierre-aux-Liens.

Dans le premier de ces temples, l'abside est ornée
d'une mosaïque due à Honorius Ier qui figure lui-même à

[1] Barbet de Jouy. Des mosaïques chrétiennes de Rome.

la droite de sainte Agnès, tandis que le pape Symmaque le restaurateur de l'église se trouve à sa gauche. La sainte et les saints pontifes sont par rapport à la grosseur de leurs têtes d'une longueur prodigieuse. Autant les figures du Ve siècle à Sainte-Marie-Majeure nous ont semblé épaisses et courtes, autant les trois personnages de l'abside de Sainte-Agnès nous ont semblé allongés outre mesure. Mais ceci une fois constaté, on doit reconnaître que la mosaïque n'est pas sans élégance et sans noblesse ; la simplicité des deux papes contraste d'une manière heureuse avec l'éclat des vêtements de la sainte couverts d'or, de perles et de pierreries qui sont d'un effet extraordinaire et saisissant, et qui offrent tous les caractères du génie byzantin avec ses défauts et ses qualités.

A l'église de Saint-Pierre-aux-Liens, il n'y a qu'un autel décoré d'une mosaïque du VIIe siècle représentant saint Sébastien debout, soutenant de la main droite sa couronne de martyr, qui est posée sur la gauche, recouverte de sa chlamyde.

Le IXe siècle est richement représenté à Rome. Les mosaïques de cette époque y sont nombreuses et intéressantes.

Nous trouvons en premier lieu la mosaïque du Triclinium de Saint-Jean-de-Latran qui perpétue la fondation du saint Empire romain par Charlemagne ; puis celle de la voûte de l'abside de l'église de Sainte-Françoise romaine, donnée par le pape Nicolas Ier, et qui a pour sujet principal la sainte Vierge assise sur un trône et tenant l'Enfant Jésus debout et s'appuyant sur sa mère.

A l'église Saint-Marc près de la place de Venise, le pape Grégoire IV lors de sa restauration vers 833 l'orna de nouvelles mosaïques. L'abside est décorée d'un travail de ce genre où l'on remarque un grand nombre de personnages parmi lesquels on distingue le patron de l'église Saint-Marc, le pape Grégoire IV et le pape saint Marc.

A Sainte-Marie *in Dominica* la partie supérieure de l'arc et la voûte de l'abside sont ornées d'une mosaïque que le pape Pascal Ier y fit placer lorsqu'il restaura ce sanctuaire en 817. Cette composition importante qui renferme un grand nombre de personnages est entourée d'une guirlande de fleurs qui a pour clef un médaillon central renfermant le monogramme du pape Pascal.

A l'église des SS. Nérée et Achillée, reconstruite une seconde fois au IXe siècle par le pape Léon III, on peut voir le maître-autel qui est en mosaïque. Celle de l'arc de la tribune date du même siècle et a pour sujet principal la Transfiguration. Enfin à Sainte-Praxède on peut voir trois importantes mosaïques : celle de l'abside où figure le monogramme du pape Pascal Ier qui détermine d'une manière exacte l'époque à laquelle elle remonte ; celles de l'arc de la tribune et de l'arc triomphal sont de la même date ; dans la dernière on remarque sainte Praxède et sainte Pudentienne qui sont aux pieds du Christ.

A ce moment l'art de la peinture était presque complètement abandonné. Aussi la mosaïque reste-t-elle stationnaire pendant plusieurs siècles.

Devenue absolument hiératique, elle sert uniquement pour la décoration des églises, décoration qui était toujours la même, et elle conserve pendant longtemps les formes de convention que lui avaient imposées les artistes byzantins. Il convient de dire cependant qu'il se trouve quelques exceptions à ces règles générales, et que nous trouvons aux XIe, XIIe et XIIIe siècles d'intéressants échantillons de mosaïque notamment à Saint-Marc de Venise dont nous parlerons plus loin.

Ainsi la *Pala d'Oro* [1] et le baptême du Christ qui se voient dans cette basilique sont de beaux spécimens exécutés au xiᵉ siècle par des artistes byzantins.

Nous voyons aussi que des artistes grecs appelés par l'abbé Desiderio exécutèrent à la même époque au célèbre couvent du Mont-Cassin des travaux en mosaïque, dont une partie s'est conservée jusqu'à nos jours et qui ont une très réelle valeur artistique.

On peut citer encore, comme appartenant à la bonne époque byzantine, les mosaïques de la cathédrale de Torcello, près Venise, qui sont restaurées en ce moment par Salviati. Elles sont antérieures au xiiᵉ siècle et se font remarquer par l'expression des figures.

Nous avons parlé plus haut de la réputation des artistes siciliens.

On voit à Palerme dans le palais Ziza de magnifiques mosaïques de l'époque byzantine normande.

Celles de la cathédrale de Montréal et qui sont également fort remarquables, sont de la même époque.

Elles ont été décrites les unes et les autres par le P.

---

[1] En réalité, la *Pala d'Oro* n'est pas une mosaïque dans le sens absolu du mot ; c'est un magnifique retable d'orfévrerie d'une richesse extraordinaire, couvert de perles et de pierreries et très remarquable surtout à cause de ses peintures en émail. Elle est divisée en deux parties dont la supérieure sur plaque d'argent appartient au xᵉ siècle, tandis que l'inférieure sur plaque d'or appartient aux xiᵉ et xivᵉ siècles.

Les peintures en émail représentent des épisodes de la vie de Jésus-Christ.

Cette œuvre d'art a, dit-on, été exécutée d'après les ordres du doge Pietro Orseolo à Constantinople en 976, ou suivant une autre opinion dans la même ville d'après ceux du doge Ordelaffo Falier en 1105.

Gravina dans une publication illustrée, d'une grande érudition et qui jouit d'une légitime réputation.

Mais revenons à Rome.

Parmi les mosaïques qui datent du xiie siècle, il faut distinguer celle de l'abside dans la basilique supérieure de l'église Saint-Clément. C'est une des plus belles de Rome, dit le chanoine de Bleser [1].

Dans les magnifiques rinceaux qui se déroulent gracieusement aux deux côtés de la croix à laquelle est attaché le Divin Sauveur et qui forme le principal sujet, on voit une foule de figures allégoriques se rapportant pour la plupart à l'histoire de Saint-Clément. La bordure est composée de fleurs et de fruits et a pour clef le monogramme du Christ.

La seconde mosaïque, celle de l'arc triomphal sans avoir l'importance de celle de l'abside, n'en est pas moins remarquable. De la même époque, peut-être même un peu antérieurement dans le xiie siècle, est la mosaïque qui orne la façade de l'église de Sainte-Marie in *Trastevere* et qui représente les Vierges sages et les Vierges folles. Au xiiie siècle appartient la mosaïque qui orne la belle tombe gothique de Guillaume Durand, évêque de Mende, à Sainte-Marie de la Minerve. Cette mosaïque représente la Vierge assise sur une chaise ornée et tenant dans ses bras l'Enfant Jésus. Guillaume Durand est agenouillé soutenu par un évêque, saint Privat; du côté opposé se trouve saint Dominique.

A Sainte-Sabine, où nous avons déjà vu une ancienne mosaïque du ve siècle, nous en trouvons une autre de la fin du xiiie sur le pavé de la deuxième nef. Elle représente Munioz de Zamora, septième général de l'ordre

[1] De Bleser. Rome et ses monuments.

des Dominicains, et elle est l'œuvre de Jacques de Torrita l'un des mosaïstes distingués de cette époque.

A Sainte-Marie-Majeure en reconstruisant la façade au XVIIIe siècle, on eut l'excellente idée de respecter la mosaïque du XIIIe siècle qui ornait autrefois cette partie de l'ancienne basilique et qui comprend deux compartiments. La partie supérieure est de Philippe Rossati ainsi que l'indique l'inscription placée aux pieds du Christ. M. Barbet de Jouy estime que la partie inférieure qui représente l'histoire de la basilique serait de Gaddo-Gaddi.

A l'extrémité de la nef latérale droite de l'autel de saint Jérôme se trouve le tombeau du cardinal Gonzalve Rodriguez, la mosaïque du XIVe siècle qui le décore n'est pas sans valeur.

Mais c'est la voûte de l'abside qui est surtout remarquable par la riche mosaïque qui la décore. Commandée par le pape Nicolas IV, elle fut exécutée par Jacques de Torrita, puis terminée par Gaddo Gaddi après 1307. C'est une grande et magnifique composition représentant le couronnement de la Vierge et dans laquelle figurent un grand nombre de personnages. Le reste de l'abside est rempli par d'élégantes arabesques qui partent de chaque angle et qui renferment des paons, des colombes, des cygnes, etc.

Dans l'angle, à gauche, on lit : *Jacob-Torriti. Pictor. H.' op.' mosiac. fec.* (Jacques de Torrita, peintre, a fait cet ouvrage de mosaïque.[1])

---

[1] Torrita *(Fra Jacques Degli Altimanni de)*, mosaïste italien, naquit à Torrita (Toscane) vers 1205 et mourut en 1295. Il entra dans l'ordre de Saint-François, étudia, croit-on, son art à Rome, revint à Florence où ses travaux lui acquirent la réputation du plus habile mosaïste de son temps. Par la suite, il retourna à Rome et fut chargé d'exécuter sous le pontificat de Nicolas IV des mosaïques à Saint-Jean-de-Latran et à Sainte-Marie-Majeure.

A Saint-Jean-de-Latran se trouve une autre œuvre considérable de Jacques de Torrita. C'est une grande mosaïque qui décore l'abside et qui a été exécutée par lui avec l'assistance de frère Jacques de Camerino vers la fin du xiii° siècle et terminée par Gaddo-Gaddi dans le xiv°.

C'est une œuvre monumentale et d'une rare magnificence, dit M. Vitet. On y voit évidemment le signe d'un art plus avancé, quelque chose de mieux conçu, de mieux disposé, de plus simple que dans les meilleures peintures à nous connues de Cimabue, de ses émules et de Gaddo-Gaddi lui-même.

Elle se divise en trois ordres. Aux pieds de saint Paul, à gauche, dans le bas du deuxième ordre, on lit ces mots : *Jacobus Torriti. Pict. Ho. Op. fecit.*

Dans le dernier ordre, on voit Jacques de Torrita, l'auteur, petit moine agenouillé tenant une équerre et un compas et au milieu d'autres saints, le frère Jacques de Camerino, le compagnon de Torrita, agenouillé aussi et armé d'un marteau, avec l'inscription : *Fr. Jacob de Camerino Soci" ngri. opis recommandat de... itis beati Jo^h. is.* (Frère Jacques de Camerino compagnon du maître de l'œuvre se recommande à l'intercession du bienheureux Jean).

D'après le même auteur, ces mosaïques du xiii° siècle auraient remplacé en partie les décorations primitives des iv° et v°, qui probablement ornaient la première basilique.

Avec la renaissance de la peinture, s'ouvre une ère nouvelle pour la mosaïque qui, grâce au génie de quelques peintres italiens du xiv° siècle, put reprendre une nouvelle vie avec de nouvelles créations dues aux pinceaux de ces artistes.

Nous avons déjà cité plus haut quelques-uns des travaux qui marquent pour ainsi dire la période d'incubation de cette renaissance de l'art.

Avec Gaddi et Giotto, avec les artistes qui ont décoré Saint-Marc de Venise, avec la fabrique du Vatican, nous allons voir la mosaïque refleurir de nouveau pendant quelque temps encore pour s'éteindre tout à fait, excepté dans ce dernier établissement.

C'est à l'époque dont nous venons de parler qu'appartenait la mosaïque qui avait été faite à Saint-Pierre de Rome par Giotto et qui est connue sous le nom de la *Navicella* de Jésus-Christ.

Restaurée en 1674 par Manetti, elle n'a malheureusement presque rien conservé du caractère expressif et du style de Giotto.

III

Elevée en 828, la basilique de Saint-Marc fut complètement détruite par un incendie en 976.

Rebâtie sur de plus vastes proportions par le Doge Pietro Orseoli dit le Saint, elle ne fut entièrement achevée que sous le règne de Domenico Selvo qui la fit revêtir de marbres précieux et fit commencer les mosaïques par des artistes byzantins.

Les plus anciennes mosaïques de Saint-Marc ne remontent donc pas au-delà de l'année 1071, c'est-à-dire presque au xiie siècle. Elles sont loin d'avoir, on le voit, l'ancienneté de celles de Ravenne et de celles que nous avons rencontrées dans quelques-unes des basiliques de Rome.

Mais elles offrent encore à l'étude les plus beaux spécimens de l'art de la Renaissance, et elles couvrent à elles
seules une surface que l'on n'obtiendrait peut-être pas
en réunissant toutes les autres ensemble.

Tous les doges de Venise attachèrent une grande importance à l'embellissement du temple dédié à Saint-Marc. Le
Sénat lui-même ne resta pas étranger à tout ce qui pouvait contribuer à l'ornementation et à la décoration de la
basilique chère à Venise.

En 1517, la République ouvrit un concours et Mario,
Luciano, Rizzo et Vincenzo Bianchini exécutèrent deux
anges en mosaïque. Le Sénat les fit mettre tous les deux
sur la porte du sanctuaire, afin que, placés dans les mêmes
conditions de jour et de lumière, le jugement du public pût
s'exercer avec toute l'équité désirable.

Plus tard un nouveau concours fut ouvert pour une
figure représentant saint Jérôme. Paul Veronèse, le Tintoret et Sansovino désignés comme juges du concours,
acceptèrent le mandat qui leur était confié. Les concurrents
étaient au nombre de 4 ; Francesco Zuccato, Jean Antoine
et Dominique Bianchini et Bozza. Le travail du premier de
ces artistes fut offert en cadeau au duc de Savoie [1], celui
de Bozza fut placé dans le Trésor et les deux autres eu-
rent les honneurs de la sacristie.

Mais déjà à cette époque l'art de la mosaïque tendait à
décliner, les maîtres mosaïstes ne craignaient pas de recou-
rir à quelques artifices pour obtenir, grâce à leurs pinceaux, des jeux de lumière, des demi-teintes plus délicates
ou des tons plus fermes, plus accusés.

En 1563, Francesco et Valerio Zuccato avaient été char-

---

[1] Attilio Sarfatti. San Marco. Conférence à l'Athénée vénitien.

gés d'éxécuter la décoration de l'arc au-devant de la première coupole. Trois autres artistes mosaïstes, Vincenzo et Dominico Bianchini et Bozza, jaloux peut-être de la faveur faite à leurs compétiteurs, les accusèrent d'avoir coloré les petits morceaux d'émail pour obtenir un plus grand effet.

Le Sénat nomma sur le champ une commission et désigna pour en faire partie en même temps que le Titien, Paul Véronèse, le Tintoret, le Schiavone et Jacques Pistoia.

La supercherie fut vite découverte, les experts reconnurent facilement que quelques parties de la mosaïque avaient été peintes, mais ils déclarèrent en même temps que les émaux qui existaient dessous étaient des meilleurs.

Le Sénat se montra bon prince, et les délinquants furent simplement condamnés à remplacer les parties colorées.

Ces faits absolument historiques et qui sont cités par M. Attilio Sarfatti dans sa conférence sur Saint-Marc, ont inspiré à G. Sand, une de ses plus intéressantes nouvelles « les Maîtres Mosaïstes » qui devait avoir, ainsi qu'on le verra plus loin, une influence décisive sur la vocation artistique du docteur Salviati.

Les murs de Saint-Marc sont couverts de 40,000 pieds carrés de mosaïques de diverses époques, toutes sur fond d'or, ce qui lui avait fait donner le nom de *Templum aureum* par les anciens Vénitiens.

On comprendra facilement que dans un travail aussi restreint et avec le but que nous nous sommes proposé, il ne soit pas possible d'en donner une description détaillée, d'autant plus qu'une grande partie d'entre elles se compose de figures isolées dont la seule énumération n'offrirait même pas d'intérêt.

Et d'ailleurs ces beaux travaux sont l'objet d'une publication splendidement illustrée de chromolithographies et de gravures, entreprise avec succès par un éditeur de Venise, M. Ferd. Ongonia [1].

Le visiteur qui entre pour la première fois à Saint-Marc ne se doute pas qu'il foule aux pieds ce pavement superbe qui est une des gloires de la basilique.

Les marbres blancs, noirs, gris, rouges, jaunes, verts, bleus, violets, etc., se croisent, se mêlent, s'entre croisent, s'entre mêlent dans une diversité infinie de dessins, de couleurs et de formes. C'est un vrai kaléidoscope. Ces mosaïques appartiennent au genre *Pavimentum rectile*, et une notable partie de la nef gauche a été restaurée dans le même style par le docteur Salviati, il y a quelques années.

On y découvre aussi des figures d'animaux. Que signifient ces deux lions marins gras et fiers dans l'onde amère, à côté de ces deux autres lions maigres et affaissés ?

L'auteur, le bon prêtre Joachim, a-t-il voulu faire allusion à la puissance de Venise et à la soumission de ses ennemis, ou bien a-t-il eu la prescience de la gloire et de la décadence de la cité des lagunes, de la Reine des mers ?

Et ces paons orgueilleux que l'on voit également en divers endroits et que nous avons retrouvés à San Donato de Murano, sont-ils le symbole de l'orgueilleuse République ?

Ce qu'il y a de certain, c'est que l'infinie variété des teintes, des dessins, des figures, compose un ensemble qui vous attache fortement, vous retient, vous enchaîne en quelque sorte, et au moment de partir vous fait revenir sur vos pas admirer encore ce que vous ne pouvez vous lasser

[1] *La Basilica di San Marco.*

de voir. Toutes ces mosaïques du pavé de Saint-Marc sont fort anciennes et ont une valeur inestimable. Mais, par suite des mouvements de tassements de l'édifice, il présente presque partout des creux et des bosses qui nuisent un peu à l'effet général. Un grand nombre d'artistes ont concouru sans doute à la décoration de Saint-Marc. Nous n'avons pu découvrir de signature pour les travaux des artistes byzantins qui subsistent encore.

Mais parmi ceux de la Renaissance, on doit citer les deux frères Francesco et Valerio Zuccati, les plus célèbres d'entre eux et qui ont exécuté leurs principaux ouvrages sur les cartons du Titien et du Tintoret.

Les trois frères Bianchini, Vincenzo l'aîné, Domenico dit le Rouge et Gian Antonio, le plus jeune des trois qui fut élève de Bartolomeo Bozza, ont aussi de nombreux représentants de leurs travaux.

Bartolomeo Bozza qui avait longtemps travaillé avec les frères Zuccati, mais qui ne put jamais arriver à leur talent, a également fait à Saint-Marc un certain nombre de mosaïques dont nous indiquerons les principales.

Nous trouvons encore les noms de J. A. Marini et de Laurenzo Ceccato, tous deux élèves des Zuccati et dont le dernier a eu un de ses ouvrages réparé en 1751 par Monaco ; celui de Pietro Luca, d'Arminius Zuccatus, parent des deux frères, celui de Luigi Gaetano, qui restaura aussi un certain nombre des anciennes mosaïques.

Quelquefois enfin nous n'avons trouvé que des indications plus vagues, telles qu'un simple prénom, Silvester fecit, Antonius fecit, Petrus fecit, etc.

Les plus anciennes mosaïques datent donc du xiiᵉ siècle ainsi que nous l'avons dit. Bien qu'en petit nombre, il en reste encore assez de beaux spécimens pour se faire une idée de l'habileté des artistes qui les ont exécutées, de la magnificence qu'on apportait à ce genre de décoration.

Nous pouvons citer, comme appartenant à cette époque, les mosaïques des archivoltes et des niches qui se trouvent dans la chapelle Zéno.

Elles représentent la vie de Saint-Marc et une madone entre deux anges, magnifique ouvrage du style byzantin et dans lequel on peut distinguer déjà un goût plus moderne que dans celles de la même époque qui se trouvent sous le porche.

Celles-ci représentent l'histoire de l'arche de Noë depuis sa construction jusqu'à son arrivée sur le mont Ararat.

Elles offrent également un fort beau spécimen de l'art byzantin dans sa naïveté primitive qui est des plus touchantes.

La représentation de la pluie et de l'eau au moment du déluge est traitée de la manière la plus pittoresque dans sa simplicité. On peut indiquer aussi comme appartenant au style byzantin : dans le chœur, Jésus-Christ bénissant Marie, David, Salomon et 14 prophètes et en bas les symboles des 4 évangélistes d'après la vision d'Ézéchiel. Dans la première grande coupole, les figures des 12 apôtres et entre chacune des fenêtres, 16 groupes de deux personnages représentant le costume des différents peuples, Arabes, Parthes, Mèdes, Juifs, Romains, Asiatiques, etc., et aux 4 angles de la coupole 4 figures colossales d'anges nimbés avec de grandes ailes.

Dans la coupole du milieu, Saints et Anges, aux 4 coins dessus saint Marc, saint Mathieu, saint Jean, saint Luc avec leurs divers attributs écrivant les Evangiles. Au-dessus les figures allégoriques des quatre villes saintes.

Dans la coupole de la nef transversale à gauche, se

trouve également une mosaïque représentant la découverte du corps de saint Marc en 1094, style byzantin du XIIᵉ siècle, qui a été restaurée plus tard. Le siècle suivant est beaucoup plus largement représenté.

On admire tout d'abord, sur la voûte du portail extérieur de la basilique à gauche, la vue de l'église de Saint-Marc qui date du XIIIᵉ siècle, ouvrage remarquable au point de vue des souvenirs archéologiques, en dehors de la perfection avec laquelle il est exécuté et de sa bonne conservation.

La plus grande partie des mosaïques que l'on voit dans la voûte de la coupole et dans les lunettes du porche, représentent l'histoire de l'ancien testament depuis la création du monde et appartiennent aussi au XIIIᵉ siècle.

L'exécution de ces mosaïques est en général soignée, mais on peut distinguer, dans toutes ces productions en opposition avec le style bysantin qui reste bien accusé encore, une tendance évidente de l'art vers la manière occidentale. La rondeur des formes, les draperies plus flottantes, l'expression et l'animation des figures dénotent un changement de manière que nous constatons dans les œuvres des deux siècles suivants, et qui nous mèneront à l'époque la plus glorieuse pour la mosaïque.

Quelques-unes de ces mosaïques qui se trouvent notamment sous la galerie latérale de gauche de saint Marc ont une grande importance archéologique, l'histoire de Joseph présente surtout des compositions remarquables.

Dans le baptistère on remarque également des mosaïques fort intéressantes qui appartiennent à la fin du XIIIᵉ siècle, et qui représentent l'histoire de saint Jean-Baptiste dans une série de scènes et figures symboliques qui ont trait au baptême. Quelques-unes de ces compositions doivent même être antérieures à l'ensemble, car on retrouve en elles les caractères de simplicité dans l'exé-cution et de naïveté que nous avons remarqués dans l'his-toire de l'arche de Noé, c'est-à-dire dans la manière dont l'eau est représentée. On peut les attribuer au même artiste dont le nom reste inconnu.

Dans une lunette on voit le baptême de Jésus-Christ dans le Jourdain, des poissons forment des vagues au milieu desquelles s'élève une sirène couverte d'écailles dorées.

On doit attribuer également au xiiie siècle une partie des peintures en mosaïque du chœur. Ainsi, sur le mur de clôture derrière l'orgue à gauche, évènements de la vie de saint Marc (saint Pierre l'envoie comme évêque à Aquilée); à droite, derrière l'orgue, miracles opérés par le corps de saint Marc, plus bas l'histoire de saint Clé-ment.

Dans la chapelle de saint Isidore qui fait suite à celle de la Madone dans la nef transversale de droite, les mosaïques datent du xive siècle et représentent la vie et les miracles de ce saint.

Dans celle de la Madone *dei Mascoli* qui se trouve à gauche du côté opposé, les mosaïques qui ornent les murs représentent la Naissance, la Présentation, l'Annon-ciation et la Mort de Marie. L'archivoûte partagée en trois ovales représente la Madone et trois Prophètes. Elles ont été commencées en 1430 par Michele Giambono et sont considérées avec raison par beaucoup d'auteurs comme des meilleures de l'école vénitienne.

Cependant, dit Kugler dans son histoire de la peinture, « on ne remarque plus dans ces mosaïques la même élé-« vation de style que dans les plus anciennes ; ce sont

« des peintures historiques d'un style compliqué repro-
« duites en mosaïques fines et polies. Toutefois la pré-
« cision des proportions, la beauté et l'expression des
« figures, la splendeur de la couleur, la correction de
« la perspective donnent à cette œuvre non seulement la
« préférence sur toutes les autres mosaïques de cette
« église, mais lui accordent aussi généralement le pre-
« mier rang dans la peinture historique de cette épo-
« que ».

Les plus belles mosaïques de Saint-Marc, après celles
de l'époque byzantine, sont celles qui datent de la Renaissance. Ainsi on voit au-dessus de la porte d'entrée principale de l'église sous le porche une belle figure de
saint Marc son patron. Elle est datée de 1545 et a été
exécutée par un des frères Zuccati. Cette magnifique tête
est du Titien. On admire particulièrement dans la figure
de saint Marc la légèreté du mouvement de la tête et la
vive expression d'un désir ardent de gagner le ciel.

On remarque aussi du même côté, en haut et en bas, le
Crucifiement et l'inhumation du Christ, du côté droit la
Résurrection de Lazare et du côté gauche l'Enterrement de
Marie ainsi que des figures d'Évangélistes, de Saints et
de Prophètes, d'Anges et de Docteurs de l'Eglise. Toutes
ces mosaïques sont des meilleures œuvres des célèbres
artistes Francesco et Valerio Zuccati. Elles ont été exécutées à la même époque que le saint Marc, au moment
le plus heureux de l'art de la peinture qui avait à Venise
les représentants les plus illustres, le Titien, le Tintoret, Palma le jeune, etc.

Les dessins des diverses figures qui composent ces mosaïques ont été donnés suivant les uns par le Pordenone,
et suivant d'autres par Salviati.

De la même époque nous pouvons citer aussi sur l'archivolte de la nef principale les scènes de l'Apocalypse, des frères Zuccati en cinq parties et qui sont datées de 1560.

C'est ensuite dans la sacristie qu'on retrouve les belles mosaïques de la Renaissance ; elles sont presque toutes exécutées sur les cartons du Titien, savoir : au-dessus de la porte dans l'intérieur une Sainte-Vierge par Rizzo (1530), saint Théodore et saint Georges par Francesco Zuccato, dans les quatorze lunettes des deux cotés, les apôtres saint Marc et saint Paul.

La voûte elle-même est couverte de mosaïques représentant le Sauveur, les Evangélistes et plusieurs Prophètes de l'Ancien Testament. Ce sont tous d'excellents ouvrages de Luciano Rizzo, d'Alberto Zio, de Francesco Zuccato (1524).

Dans la nef latérale, à gauche, sur la surface intérieure de la voûte, on remarque plusieurs ouvrages importants de L. Gaetano ; ce sont : le Paradis, au-dessous Jésus-Christ et les Prophètes, au-dessus la chute de Simon-le-Mage, crucifiement de saint Pierre.

Des trois frères Bianchini dont nous avons parlé plus haut, c'est de l'aîné dont nous avons retrouvé le plus d'ouvrages à Saint-Marc.

De Vincenzo Bianchini nous voyons en effet des scènes de la vie du Christ dans l'arc qui est au-dessus du bras droit, ainsi que les quatre grandes figures de sainte Thécle, sainte Thérèse, sainte Euphémie et sainte Dorothée qui ornent la coupole du bras droit. Ces mosaïques sont datées de 1538 et de 1557. Sur l'arcade du mur au-dessus de la chapelle de saint Isidore se voit l'arbre généalogique de Jésus-Christ d'après saint Mathieu. Ces mosaïques ont été exécutées par V. Bianchini sur les cartons de Salviati et sont datées de 1542 à 1552.

On ne doit pas passer sous silence le magnifique jugement de Salomon du même artiste, fait en 1538.

Citons encore de cette époque féconde en beautés artistiques les mosaïques qui ornent le plus grand arc du côté gauche au-dessus de la chaire. Elles représentent les noces de Cana en Galilée et un médaillon central le Christ. Elles sont dues à Bartolomeo Bozza. Le même auteur a signé également celles qui se trouvent à l'arc qui sépare la grande coupole de celle de gauche et qui représentent des scènes de la vie de Jésus-Christ.

Ce mosaïste de talent a fait en outre un grand nombre de figures détachées, telles que celles de David et Isaïe, prophète.

Dans la nef transversale à droite, sur l'arcade du mur au-dessus de la sortie de côté, nous trouverons l'Histoire de la jeunesse de Jésus-Christ et des scènes tirées de l'histoire de Suzanne de J. Ceccato, exécutées sur les cartons de Palma le jeune et de Dom. Tintoretto.

Citons enfin les ouvrages d'Aloysius Caietanus Mana de 1560, de Laurentius Ceccatus de 1560, d'Arminius Zuccatus de 1585 ; ceux de Pietro Luca, scènes de la Vie du Christ qui se trouvent au-dessus de l'autel de la Vierge et dans la niche du chœur, Jésus-Christ sur le trône avec cette mention *Petrus fecit 1505*.

Avec la fin du XVIᵉ siècle s'éteint la splendeur de l'art de la mosaïque.

A Saint-Marc on ne constate plus que quelques travaux originaux, tels que de grandes figures saints Cosme et Damien et saint Basile, de Lorenzo Ceccato datées de 1609 ; deux autres grandes figures d'Arminius Zuccatus de 1629 ;

une grande composition du même mosaïste, sans date, au milieu du premier grand arc; le Père éternel, saint Georges terrassant le dragon, le Serpent vaincu par la Vierge et l'Agneau de la Table Sainte.

La plupart des compositions des xve et xvie siècles avaient été en grande majorité destinées à renouveler les anciennes mosaïques de l'époque byzantine que le temps n'avait pas respectées.

Lorsque le Sénat promulguait le décret de 1610, craignait-il déjà lui-même la ruine totale de cet art et n'était-il pas soucieux aussi de la perte de la dignité de la plupart des mosaïstes qui se faisaient une concurrence quelquefois déloyale, lorsqu'à la manie des restaurations de ce siècle, il opposait la prohibition de la destruction des derniers ouvrages antiques qui subsistaient encore, et qu'il ordonnait que partout où le remplacement deviendrait absolument inévitable, il convenait de procéder avec le plus grand soin et le plus grand amour de l'art pour remettre les choses dans l'état primitif.

Il est à croire que ce décret ne reçut point une sévère application, car il ne dépend pas des décrets de former ou de réformer les arts, et quand Luigi Gaetano renouvelait sur les cartons de Maffeo Verona quelques-unes des anciennes mosaïques de la basilique, on pouvait bien juger que le caractère grec avait entièrement disparu et qu'il ne se fit plus dès lors que des ouvrages ayant toutes les qualités mais surtout les défauts du xviie siècle. Tels sont ceux de Pietro Vecchia (1660), de Leopoldo dal Pozzo (1728), de Salandrin, de Pietro Monaco (1751) qui ont remplacé les anciennes peintures en mosaïque qui existaient sur les voûtes des portails et sur les voûtes supérieures de Saint-Marc.

Nous n'avons rien dit encore des mosaïques de Saint
Pierre de Rome ; il ne reste en effet que le souvenir des
belles mosaïques que Constantin avait fait placer dans la
première basilique qui tombait en ruines au xv⁰ siècle. Les
mosaïques actuelles sont toutes modernes ou à peu près.

C'est au xvɪ⁰ siècle que remonte l'idée de décorer Saint-
Pierre de cette façon qui était usitée depuis si longtemps
dans les temples chrétiens.

Il s'était conservé à Venise une école de maîtres mosaïstes fondée lors de la décoration de Saint-Marc, par Andrea
Tafi.

Clément VIII qui occupa le trône pontifical de 1592 à
1605, appela à Rome les plus célèbres des artistes de cette
école qui, au siècle précédent, avait exécuté de remarquables
copies de tableaux dans diverses églises du nord de l'Italie
et leur confia la décoration de la coupole de Saint-Pierre.
Ces artistes furent le noyau de l'établissement qui prit le
nom d'Ecole Vaticane de mosaïques, elle fut placée sous la
dépendance de la révérende fabrique de Saint-Pierre et
s'est perpétuée jusqu'à présent, conservant intact les procédés de fabrication de l'émail.

Sous le pontificat de Clément VIII et sous celui de ses
successeurs, les travaux de copie en mosaïque prirent une
grande extension, et on reproduisit de cette manière la
plupart des chefs-d'œuvre de la Renaissance, les meilleures
pages de Lanfranc, de Pellegrin, de Sacchi, de Romanelli,
de Raphaël, du Dominiquin, du Guerchin et de tant
d'autres.

L'histoire de l'art nous a conservé les noms de Zucchi,
de Rozetti, de Calandra qui, parmi tant d'autres mosaïstes
fameux de cette époque, ont pris part à ces travaux remarquables.

On doit citer notamment parmi ceux-ci, le martyre de saint Sébastien sur la peinture à fresque exécuté, en 1629 par le Dominiquin et scié ensuite du mur en 1736 pour être transporté en entier à Sainte-Marie-des-Anges ; puis au-dessus de l'autel de saint Jérôme, la copie en mosaïque du chef-d'œuvre du Dominiquin *la dernière communion de saint Jérôme* dont l'original fait partie de la Pinacothèque du Vatican. Puis encore le martyre de saint Erasme, d'après l'orignal du Poussin également au musée du Vatican.

A l'autel de sainte Pétronille dans la nef latérale droite, on remarque la plus belle mosaïque de la basilique d'après le tableau du Guerchin qui est au musée du Capitole. Dans la partie inférieure, exhumation de la sainte, sur le devant, Flaccus, jeune noble romain, qui l'avait recherchée en mariage, et, dans la partie supérieure, la Sainte reçue par Jésus-Christ qui lui a fait la grâce de mourir vierge.

Dans le transept méridional, copie du crucifiement de saint Pierre, le chef-d'œuvre de Guido Reni, qui fait partie de la Pinacothèque du Vatican, copie du tableau du Dominiquin qui se trouve à l'église des Capucins et qui porte le nom des stigmates de Saint-François. Puis dans la nef latérale gauche, la Transfiguration, copie du chef-d'œuvre de Raphaël qui orne le musée du Vatican, dans la chapelle de la Présentation, la copie du tableau de Romanelli qui orne l'église des saints Anges. Enfin les mosaïques de la coupole, les plus anciennes de toutes, et qui consistent principalement en figures de saints, d'évangélistes, d'évêques et de pontifes, termineront cette rapide énumération d'un grand nombre de chefs-d'œuvre dont nous n'avons cité que les plus remarquables, et qui sont en très grand nombre puisqu'à Saint-Pierre il n'y a qu'une seule peinture à l'huile.

En dehors de Saint-Pierre, les autres églises de Rome ont aussi profité des ouvrages des ateliers du Vatican. Les portraits des papes qui ornent Saint-Paul hors les murs y ont été exécutés, et si les cartons laissent quelquefois à désirer et n'ont pas ce caractère vigoureusement tracé que l'on doit exiger dans les sujets de cette nature, le travail du mosaïste ne peut donner prise à la critique. Chaque portrait exige une année de travail.

Les autres églises de Rome ont également participé au bénéfice dont les élèves de l'école d'Andrea Tafi avaient fait profiter le Vatican. Paolo de Christophoris et son école, au commencement du XVIIIe siècle, suivirent leurs traditions et dotèrent la plupart des églises de Rome d'admirables copies des maîtres.

Nous avons dit plus haut que l'École vaticane avait conservé intacts les procédés de fabrication de l'émail qui sert dans la mosaïque. Nous ne voulons pas entrer ici dans le détail de cette fabrication et des manipulations qui y donnent lieu.

Nous dirons seulement qu'il n'y a pas moins de 36,000 nuances classées et numérotées qui servent à faire les envois à l'extérieur, suivant les demandes qui sont faites, et que les prix varient de 1 fr. 25 à 50 fr. la livre romaine de 12 onces.

Les artistes mosaïstes du Vatican travaillent à leurs pièces ou plutôt à leur loisir, car la plupart d'entre eux sont payés à l'année et reçoivent une gratification qui est variable quand leur travail est achevé et suivant le mérite qui lui a été reconnu. Chaque mosaïste a près de lui un marteau, tranchant d'un côté et plat de l'autre, avec lequel il casse l'émail en morceau de grosseur appropriée à son ouvrage et une meule pour les polir suivant ses besoins. Devant lui se trouve le carton ou modèle qu'il doit copier.

Le cadre sur lequel doit être faite la mosaïque est rempli de plâtre d'une épaisseur qui est variable suivant la dimension du sujet et que l'artiste enlève au fur et à mesure de l'avancement de son travail. L'émail est appliqué au moyen d'une pâte qui remplace le plâtre et dans laquelle il s'enfonce et se trouve parfaitement adhérent lorsqu'elle a séché.

Lorsque la mosaïque est achevée, si elle est de grandes dimensions et destinée à être placée dans un lieu élevé, on la laisse telle qu'elle est sortie de la main de l'artiste ; si, au contraire, elle est de petite dimension et destinée à être vue de près, comme un tableau de chevalet par exemple, la surface en est parfaitement polie et reçoit un vernis particulier.

On voit au Vatican dans une salle spéciale une petite exposition d'un certain nombre de tableaux mosaïques qui constituent une sorte de musée.

Quelques-uns de ces tableaux, qui sont la reproduction des œuvres des grands maîtres, ont été à l'Exposition universelle de Paris en 1867, où ils ont obtenu une récompense bien méritée. On distinguait surtout une Vierge à la Chaise, d'après le tableau de Raphaël, qui était une véritable merveille de l'art du mosaïste. Sa valeur n'était pas moindre de 50,000 francs et l'artiste avait mis dix ans pour achever son travail. Nous avons vu également dans ce musée un autre tableau beaucoup plus grand, représentant la Bénédiction de la Vierge, qui avait été fait par quatre artistes qui avaient travaillé chacun 11 ans, soit en tout 44 années.

IV

Antonio Salviati naquit à Vicence, en Vénitie, dans la même ville qui donna le jour à un autre artiste célèbre Antonio Coltelazzo, graveur sur pierre, surnommé le Benvenuto moderne, et qui eut avec Salviati ce point commun de ressemblance, qu'il fut tout d'abord beaucoup plus apprécié à l'étranger que dans son propre pays, et qu'il dut sa renommée à l'insistance et aux efforts d'un Anglais, ami passionné de l'Italie, M. A. H. Layard.

Doué par la nature de brillantes qualités, d'une intelligence vive, d'un esprit ouvert, d'une imagination ardente, Salviati à peine adulte connaissait déjà quatre langues qui devaient lui être plus tard d'un grand secours.

Destiné au barreau, il fit de brillantes études de droit à Padoue d'abord, et plus tard à Vienne. Reçu docteur, il exerça avec succès la profession d'avocat dans les études de Valentin Pasini et de Daniel Manin, puis ensuite seul pour son propre compte de 1843 à 1859.

C'est de cette dernière époque que date, non pas la vocation artistique de Salviati, mais son idée arrêtée de s'y vouer entièrement.

Frappé depuis longtemps déjà de l'état de décadence dans lequel se trouvait un art qui avait été si florissant dans son pays, il souffrait de le voir complètement abandonné et oublié à ce point qu'il n'était plus possible depuis longtemps d'entretenir et de restaurer les magnifiques mosaïques de la basilique Saint-Marc, qui se détérioraient d'année en année.

Tout pénétré du désir de rendre à sa patrie une industrie que Venise, la Reine des mers, avait autrefois emprunté à l'Orient, il fut vivement impressionné par la lecture d'un roman de G. Sand, les *Maîtres mosaïstes*, dont les scènes se déroulent d'une façon si pittoresque et si dramatique dans la ville des lagunes.

L'illustre châtelaine de Nohant lui écrivait du reste, quelques années après, les lignes suivantes que Salviati conserve précieusement et qui valent pour lui le meilleur des brevets : « Votre entreprise si bien réussie est œuvre d'ar-
« tiste et de bon citoyen : je suis fière d'avoir été pour
« quelque chose dans votre détermination et je la regarde
« comme la meilleure récompense de mon livre ».

A la même époque, il fit à Rome un voyage dans lequel il voulut visiter naturellement la fabrique de mosaïques du Vatican. Il en revint émerveillé, mais en même temps de plus en plus triste en pensant à l'état d'abandon où cet art était tombé à Venise, et de plus en plus déterminé à quitter la toge de l'avocat pour le four de l'émailleur.

Malheureusement les procédés de fabrication étaient perdus ou se trouvaient concentrés dans le seul atelier du Vatican qui n'en laissait pas pénétrer le secret.

Il rapportait, il est vrai, avec lui quelques morceaux de la pâte d'émail dont se servent les mosaïstes romains et c'est avec ces seuls éléments qu'il se mit à l'œuvre.

Tout était en effet à faire et à créer de toutes pièces. Faisant le sacrifice complet de sa position honorable et lucrative, de sa fortune personnelle, de celle de sa femme et de ses enfants, seul, sans autre appui que celui de ses premiers collaborateurs qui, partageant sa confiance, luttaient avec lui sous sa direction, sous l'impulsion de sa tenacité et de son ardeur, le docteur Salviati, nouveau

Bernard de Palissy, au moment où il allait épuiser ses dernières ressources, vit enfin ses nobles et patriotiques efforts couronnés du plus éclatant succès.

La récompense de tels labeurs, de si grands soucis, était bien due à cet homme énergique, qui a l'amour, on pourrait dire même, le culte de son art. Il en parle avec une éloquence qui jaillit non seulement de sa parole, mais qui éclate dans son regard, dans ses gestes et se communique facilement à ses auditeurs qui restent sous le charme de son récit chaud et coloré.

Quand il raconte ses travaux, ses recherches, son espoir, ses désillusions et ses désespérances même, où brille malgré tout la fermeté de sa conviction, sa foi dans l'avenir, le courage et l'activité indomptable de sa nature, on n'est plus étonné de l'avoir vu arriver enfin aux résultats qu'il avait entrevus dès le commencement, et l'on répète volontiers avec le poète latin : *Audaces fortuna juvat*.

Trop profondément artiste pour ne voir dans la restauration de l'art mosaïste qu'une affaire purement industrielle, le docteur Salviati a su néanmoins élargir considérablement les applications de ce genre de travail, presqu'exclusivement consacré autrefois à la décoration des églises.

Il peut ainsi non seulement le faire servir à la même destination, mais encore à la décoration des monuments publics ou privés. Il peut également l'appliquer au mobilier, aux statues ; l'employer pour les magasins, pour les inscriptions de toute forme et de toutes grandeurs, pour les pierres tumulaires, etc., tout en conservant à ces divers travaux le caractère artistique qu'il sait imprimer à toute chose.

Car nous l'avons dit plus haut, Salviati est profondément artiste, tout le démontre ; en dehors de ses travaux spéciaux, de ses créations personnelles soit en mosaïque, soit en verrerie, sa nature artistique se traduit par mille faits dont nous ne voulons citer qu'un seul.

Lorsque le prince Humbert visita sa fabrique, Salviati lui présenta son contre-maître qui venait de terminer un ouvrage d'une grande beauté qui, depuis, fut offert à la princesse Marguerite, en lui disant : « Altesse, pour moi « je ne demande rien, je serai assez récompensé si vous « trouvez que cet ouvrier est digne de votre bienveil- « lance ». Et le prince touché d'un sentiment si honorable fit don à l'ouvrier d'une magnifique épingle avec son chiffre en brillants.

Nous pourrions multiplier ces citations qui, toutes, font honneur à l'artiste autant qu'à l'homme ; terminons en disant que, par une heureuse application de ses idées au point de vue de son art favori, il fonda une école de mosaïque, véritable pépinière d'élèves distingués dont quelques-uns sont devenus eux-mêmes des fabricants, qui ont certainement créé une concurrence à leur ancien maître, mais dont il ne se plaint pas et dont il se sent fier au contraire quand elle est loyale, parce que pour lui elle est profitable, et à l'art et à son pays tout à la fois.

Mais toute médaille a son revers. Les succès de Salviati, les grandes récompenses qu'il a obtenues aux diverses expositions nationales ou étrangères, les témoignages de sympathie et d'estime qu'il a reçus des gouvernements ou des souverains pour lesquels il a travaillé, ont excité l'envie et la jalousie.

La haute considération et la notoriété qui s'attachent à cette personnalité si intéressante qui a quitté une profession honorable, tranquille et lucrative pour se lancer, par amour de l'art, dans tous les hasards d'une vaste entreprise industrielle, afin de doter son pays d'un art qui avait autrefois fait sa richesse et sa gloire, ont facilement tenté la concurrence déloyale de commerçants qui ne reculent point devant les moyens les moins avouables, quand ils ne sont pas les plus puérils [1], pour chercher à détourner à leur profit la clientèle de leur maître à tous, le docteur Salviati.

On vient de le voir, à force de recherches, de patience et de labeurs, en remontant aux sources les plus pures et les plus classiques de l'art ancien, en mettant en œuvre les méthodes les meilleures et les moins dispendieuses, le docteur Salviati était donc arrivé à reconstituer la matière première nécessaire à la fabrication de la mosaïque, c'est-à-dire l'émail tel qu'il était connu et employé par les anciens mosaïstes vénitiens.

La valeur de cette matière première réside principalement dans sa durée, parce que les éléments dont elle se compose résistent au temps et aux intempéries et parce que les couleurs ne s'altèrent point, le mélange étant tellement intime avec la matière vitrée qu'elles ne sont qu'une seule et même chose. Mais l'émail pour les fonds d'or, tel que le connaissaient les anciens, ne pouvait avoir cette durée, aussi c'est surtout sur cette partie de la fabrication que s'était portée toute son attention.

Nous avons entendu raconter à Salviati comment avec l'aide d'un verrier de Murano, d'un talent éminent, plusieurs fois lauréat de l'Institut Royal vénitien, Lorenzo Radi, malheureusement mort depuis quelques années, il

[1] Voir le *Clairon* du 16 décembre 1883.

avait réussi en peu de temps dans la fabrication autrefois si coûteuse et si difficile des émaux d'or, d'argent et de couleur.

Considérez un peu, en effet, ces petits carrés qui servent à faire les fonds d'or ; voyez leur éclat et leurs brillantes couleurs. Si sur l'émail vitrifié on faisait simplement adhérer une mince feuille d'or, on reviendrait aux procédés anciens et ce serait peine perdue parce que cette feuille d'or exposée à la lumière, à l'air, finirait par s'altérer, par se noircir comme toutes les dorures sur bois et sur métal. Il fallait donc trouver quelque chose de plus solide.

Avec la collaboration de Lorenzo Radi, il réalisa un progrès remarquable dans la fabrication de l'émail d'or, et il parvint à le fixer d'une manière indélébile et absolument inaltérable.

Pour arriver à ce résultat qui est des plus importants, surtout pour les décorations extérieures des monuments et des églises il a dû, par un procédé spécial, superposer à la dorure elle-même une lame de verre excessivement mince, transparente, adhérente et qui la met complètement à l'abri de l'air et de l'humidité. Cette lamelle dont la couleur peut être changée à volonté suivant les besoins, donne à l'or sur lequel on l'applique les teintes diverses graduées que l'on veut lui communiquer, le jaune, l'orange, le jaune vert, le rouge et permet aussi d'obtenir des demi-teintes de clair obscur.

Ce dernier mode de coloration au moyen de lamelles de verre de couleurs différentes était complètement inconnu des anciens, et il constitue une innovation dont tout le mérite revient au docteur Salviati et à Laurenzo Radi.

On peut obtenir par ce procédé les effets les plus sur-
prenants et les plus variés, et c'est ainsi qu'a été exécutée
la figure imposante de saint Georges placée à Londres au
palais du Parlement.

Et cependant, comme le progrès ne doit pas s'arrêter,
le docteur Salviati a encore trouvé le moyen de faire mieux
en nous donnant ce qu'on peut appeler la mosaïque en
relief, c'est-à-dire que pour les vêtements ou le costume
par exemple, certains détails (broderies, couronnes, nim-
bes ou auréoles) ressortent complètement du fond, ce qui
donne surtout pour les sujets religieux une plus grande
variété d'effet décoratif que le système ordinaire qui est
complètement plan.

Ce relief est obtenu au moyen de petits morceaux d'émail
concaves ou convexes couverts d'une feuille d'or sur
laquelle on applique pour la protéger, comme nous l'avons
dit plus haut, une légère couche de verre plus ou moins
colorée qui permet de lui donner toutes les teintes que
l'on veut obtenir, ménageant alternativement l'ombre et
la lumière de façon à produire les nuances les plus délicates ou les contrastes les plus hardis.

On peut voir au musée du palais Salviati un tryptique en bois doré de style archaïque qui a été fait
dans ces conditions pour l'exposition de Milan en 1881.
Il est divisé en 5 compartiments reproduisant des peintures religieuses d'artistes de l'école vénitienne Vivarini,
Bazaïti, Giovanni et Antonio Murano dont les œuvres ori-
ginales se trouvent soit à l'Académie des Beaux-Arts, soit
dans la chapelle de San Tarasio à l'église de Saint-Zac-
charie de Venise.

Tous les ornements des vêtements des saints personnages et de la Madone sont décorés de mosaïque

en relief se détachant sur le fond d'or avec le plus grand
effet [1].

Retrouver les anciens procédés de fabrication, les amé-
liorer comme l'avait fait le docteur Salviati constituaient
déjà un assez beau lot ; mais cela ne lui suffisait pas. Il
étudia et adopta également la manière la plus convenable
pour la production de la mosaïque dans le but de la rendre
plus aisée, moins dispendieuse et plus appropriée aux
exigences et aux goûts de la société moderne, tout en lui
conservant au besoin son cachet artistique.

En visitant la fabrique du docteur Salviati à Venise,
nous avons été à même de voir les nouveaux procédés qu'il
a employés pour rendre aussi brillants que durables les
moyens de décoration architecturale pratiquement pos-
sibles dans notre siècle, où il est permis à un industriel
de faire beau à condition de faire bon marché.

Autrefois, quand il s'agissait de décorer une église avec
peintures en mosaïque, on ne pouvait confier ce travail
qu'à un seul artiste. Celui-ci se transportait sur les lieux
qu'il s'agissait d'orner, faisait d'abord le dessin de toute
la mosaïque sur les points où elle devait être placée, et
puis, jour par jour, faisait lui même le travail, plaçant chaque petit morceau d'émail un à un, absolument comme on
le fait encore à la fabrique du Vatican.

Tout en admettant que l'artiste put être aidé dans son
travail pour les fonds par exemple, on comprend facilement les inconvénients d'un pareil système de travail lorsqu'il s'agit de couvrir de grandes surfaces, la perte de

---

[1] Nous avons vu au musée de Vérone quelques tableaux de Gio.
Maria Falconetti et la Vierge et l'Enfant Jésus de Vittore Pisano qui
présentent également en saillie certaines parties dorées des vêtements. C'est assez rare en peinture.

temps, la nécessité pour l'artiste d'être toujours sur le lieu où il doit travailler dans des positions quelquefois fort incommodes et très fatiguantes.

Le mode qu'a trouvé et adopté Salviati est tout différent. Il peut s'appeler faire de la mosaïque à l'envers et s'exécute de la manière suivante : sur le mur de l'atelier est attaché le dessin du travail qui doit être exécuté ; un autre dessin fait à l'envers comme la lithographie ou la gravure par des artistes de grands talents, à la tête desquels se place le fils de Salviati, est divisé en morceaux s'il y a lieu et distribué aux ouvriers.

Chacun d'eux, sur le morceau qui lui est attribué, place un à un les petits cubes d'émail et les colle sur le papier en s'inspirant pour les nuancer du carton original qu'il a devant les yeux.

Petit à petit, chaque ouvrier termine son travail ; les uns font la tête, d'autres les vêtements, ceux-ci les ornements, ceux-là le fond, absolument comme ces grands travaux de tapisserie exécutés par un grand nombre de personnes différentes, qui ne forment ensuite qu'un seul ouvrage. Quand tous les morceaux, qui ont été étiquetés et numérotés soigneusement, sont terminés, le travail est achevé, mais tout couvert du papier dessiné sur lequel ont été fixés les petits morceaux d'émail, travail qui rappelle un peu la décalcomanie puisqu'il suffit, lorsque l'adhérence sur le ciment spécial qui est employé est devenue complète, d'enlever le papier en le mouillant pour avoir le dessin mosaïque tel qu'on doit le voir.

Ce nouveau système répond pleinement à la condition de bon marché puisqu'il repose sur la division du travail fait suivant les facultés de chacun, et qu'il n'exige pas exclusivement l'emploi d'artistes pour son application.

Quelques-uns sont nécessaires pour les travaux les plus importants, des ouvriers intelligents suffisent pour les autres.

Il permet, en outre, au moyen d'un emballage spécial, de transporter de l'atelier de fabrication sur un point quelconque du globe les divers morceaux qui doivent concourir à former un tout et, une fois arrivés à destination, il suffit pour les assembler d'un artiste intelligent et d'un nombre plus ou moins grand de bons ouvriers et de manœuvres, suivant la rapidité que l'on veut imprimer au travail.

En résumé, quand on y songe, il n'y a rien de plus simple que ce procédé, mais il fallait le trouver, et c'est toujours l'histoire de l'œuf de Christophe Colomb.

Les améliorations apportées dans le travail de la mosaïque par le docteur Salviati ont été complétées, grâce aux progrès de la mécanique, par l'invention de divers instruments au moyen desquels on coupe l'émail en morceaux de la forme et de la grandeur appropriées au travail qu'il s'agit d'exécuter.

Placé pendant les premières années à la tête de la société qu'il était parvenu à fonder au début de son entreprise industrielle, Salviati a repris son indépendance, aussitôt que celle-ci est arrivée au terme de son existence légale.

Seul maître maintenant de sa belle entreprise, tout en ayant cherché et trouvé le moyen de faire de la mosaïque un art industriel en même temps que décoratif, il a toujours fait passer l'art avant le métier et n'a point eu jusqu'à présent de concurrence sérieuse à redouter.

Les ateliers du Vatican n'ont qu'une production exclusive d'ailleurs fort limitée et qui ne dépasse pas, on peut le dire, les murs de Rome, à part quelques cadeaux offerts par le Pape aux souverains ou à quelques personnages considérables.

Les amateurs de belles choses peuvent se convaincre à Venise même que, sans vouloir déprécier les produits des autres fabriques, les siens restent sans rivaux.

Scrupuleux admirateur des beaux modèles anciens, il les embellit encore en les reproduisant avec la plus religieuse exactitude. On admire dans ses merveilleux produits le goût exquis et la parfaite harmonie des formes et des nuances [1].

L'extrême beauté et la délicatesse de coloris des matières employées, la manière tout artistique dont elles sont disposées et la richesse d'harmonie de l'effet qu'elles produisent peuvent rivaliser avec les meilleures œuvres du moyen âge et excitent l'admiration universelle. Nous parlerons plus loin des œuvres monumentales de Salviati, indiquons sommairement ici quelques-uns des morceaux les plus remarquables, mais de dimensions restreintes, que nous connaissons.

Nous avons parlé déjà du tryptique qui a figuré à l'exposition de Milan en 1881. Nous pouvons citer encore une Madone entièrement sur fond d'or avec ornements dorés dans les vêtements. C'est la copie d'une antique Madone en mosaïque de l'église de San Donato à Murano. La reproduction en est fidèle mais dans des proportions restreintes, puisque la mosaïque de Murano que nous avons vue est assez grande pour occuper entièrement l'abside. Elle est d'ailleurs de toute beauté et ressort majestueusement sur le fond d'or.

---

[1] On ne fait pas moins, dans les ateliers de Murano, de 5,000 couleurs qui ont chacune de 12 à 15 nuances.

Une autre Madone également sur fond d'or, mais à
mi-corps, qui est copiée sur celle qui se trouve à San
Marco et qui date du XIII° siècle.

Un Christ assis sur son trône et qui est la reproduction en petites dimensions du magnifique et gigantes-
que Christ qui se trouve au-dessus du grand autel de
Saint-Marc.

Les cadres de ces deux ouvrages méritent une mention
spéciale parce qu'ils offrent un exemple de l'application
utile de la mosaïque à la décoration du mobilier. Un
autre Christ à mi-corps est un travail original exécuté
sur un dessin attribué à Léonard de Vinci.

Citons encore les portraits de Marco Polo et de Christophe Colomb pour la mairie de Gênes ; deux magnifiques médaillons de style monumental, mais d'un travail
particulièrement fini, représentant l'un le Christ d'après
Guido Reni, l'autre la Vierge de Carlo Dolci ; trois morceaux d'ornementation en mosaïque de trois genres différents, une copie de Saint-Marc de Venise, l'autre de
Sainte-Sophie de Constantinople, le troisième du Dôme
de Montréal.

Enfin la fameuse fontaine qui a figuré également à l'Exposition de Milan, et pour l'exécution de laquelle Salviati
a combiné toutes les ressources que pouvait lui offrir la
richesse de coloris de la mosaïque jointe à la vivacité des
couleurs, à la transparence de la verrerie de Venise dans
ce qu'elle a de plus artistique et de plus décoratif.

Ajoutons, pour terminer l'énumération de ces travaux
qui ne composent qu'une faible partie de l'œuvre que
Salviati a dispersée dans toutes les parties du monde, que
cet habile artiste vient d'être chargé de la décoration de la
cathédrale d'Amalfi.

On a vu et admiré, à l'exposition de Turin, l'exécution de la première partie de ce travail en style byzantin qui doit représenter les douze Apôtres.

Les cartons sont du célèbre peintre Morelli. Les figures de saint Barthélemi et de saint Thomas surtout sont remarquables par l'expression que le peintre a su leur donner. Cette qualité a toujours distingué, on le sait, les anciens mosaïstes qui attachaient beaucoup moins d'importance à la forme.

V

L'emplacement qu'il s'agissait de décorer et qui n'occupe pas moins de 330 mètres carrés, se compose d'une grande coupole centrale sur chaque face de laquelle se développe un arc doubleau de près de quatre mètres de largeur, et chacun de ces arcs se termine lui-même par une petite coupole sur pendentifs avec pénétration conique dans les arcs doubleaux.

Il y a donc là des surfaces de formes différentes et d'aspect varié qui laissaient place à la fantaisie du dessinateur chargé d'exécuter les cartons. Le sujet principal se trouve dans la coupole centrale qui occupe à elle seule une surface de 114 mètres carrés.

Au sommet sur un fond bleu se détachent deux génies ailés soutenant sur leurs bras un cartouche portant inscrit en lettres d'or le nom de la ville d'Aix au-dessus duquel brille une étoile.

Ce cartouche occupe lui-même le centre d'un premier cercle sur fond entrelacé jaune orné de cabochons de forte dimension et de différentes couleurs (topazes, rubis, grenats, émeraudes, saphirs, etc.) dont l'application due à Salviati rehausse singulièrement l'entourage qui est formé par les douze signes du Zodiaque en camaïeu blanc avec des demi-teintes habilement ménagées qui leur donnent un relief de l'effet le plus charmant.

D'autres cercles vert, blanc et rouge ornés également de cabochons terminent ce premier motif qui est parfaitement trouvé et exécuté avec beaucoup de talent.

Si le visiteur se place au centre du Hall en regardant le jardin, il a, à droite et à gauche, aux angles et sur le piédestal qui part du pendentif deux grandes figures monumentales.

La première personnifie l'Automne ou plutôt le plaisir le plus vif que nous réserve cette saison, c'est-à-dire la chasse. Elle est vêtue entièrement de jaune et tout en reconnaissant le mérite de la difficulté vaincue dans l'exécution de la mosaïque, puisque les draperies jaunes sur un fond de même nuance se détachent parfaitement sur le fond général d'or, tout en admettant qu'il y ait eu là pour le mosaïste un écueil qu'il a su éviter avec beaucoup de talent, c'est le personnage qui nous plaît le moins dans son attitude.

Le raccourci de la jambe droite nous semble trop raide, les jambières dont elle est chaussée donnent à la partie inférieure des jambes une raideur qui peut être naturelle, mais qui manque absolument de grâce.

Le chien qui se jette au-devant de l'Automne en jappant, aurait gagné, croyons-nous, à être d'une robe différente qui aurait rompu ainsi la teinte un peu uniforme.

Ces réserves faites, on ne peut nier que l'ensemble ne soit satisfaisant. La figure est expressive, la pose est naturelle et on retrouve dans son attitude l'indication de la force et de la maturité de cette saison, qui n'a que peu de promesses mais encore de beaux fruits.

Par exemple, il y a des détails d'exécution qui sont merveilleux et qu'on ne peut se lasser d'admirer. Le gibier contenu dans la corbeille que l'Automne porte sur la tête est vivant quoique tué. On compterait les poils du lièvre, le canard à gorge verte est d'un naturel saisissant, et l'on se demande comment il est possible d'arriver à de tels résultats de nuances et de fondu, on pourrait presque dire de léché, avec de petits cubes d'émail.

La figure de gauche nous représente l'Été.

Au lieu de la chasse, c'est la pêche que nous avons en face de nous.

Le personnage qui symbolise cette saison est drapé de rouge et de jaune et s'appuie de la main gauche sur une rame de galère antique. La nasse remplie de poissons que porte l'Été sur son épaule est tout simplement une petite merveille ; le mosaïste a obtenu là un de ses plus beaux effets. La lumière se joue avec une telle vérité, avec une telle puissance entre les mailles d'osier qu'on croit voir frétiller encore anguilles et brochets.

En se retournant, le visiteur aura également devant lui, de chaque côté, une figure qui fait pendant aux premières. A droite, c'est le Printemps qui a pour représentant une jeune femme aux mouvements souples et nerveux, vêtue de bleu, elle est enveloppée d'une écharpe de couleur claire qui se joue autour d'elle et l'enveloppe de ses plis gracieux.

D'une main elle porte un oiseau de paradis, seul attribut de sa personnalité, de l'autre elle retient son vêtement et marche dans l'espace avec une grâce, une légèreté qui rendraient jalouse Atalante elle-même, une rapidité qui nous fait involontairement songer aux jours trop courts qu'elle nous donne.

Tout dans cette gracieuse et fraîche figure respire la grâce, la jeunesse, le parfum de la charmante saison qu'elle personnifie.

La quatrième figure doit nous représenter le triste hiver avec son cortège de neige et de frimas. Elle est conçue dans un style et exécutée dans une forme qui en font une des plus agréables.

Le peintre, en effet, au lieu de nous faire voir l'Hiver sous les traits d'un vieillard morose, à la longue barbe blanche, l'a peint sous les traits d'une femme encore jeune, vêtue d'une jupe bleue relevée par une ceinture rouge à clous d'argent. Drapée dans un large manteau rouge qui flotte au gré des vents contre lesquels elle semble lutter, elle tient dans ses mains un réchaud allumé dont le vent emporte la flamme et la fumée dans les airs.

Cette personnification allégorique de l'hiver semble nous faire comprendre que si la nature va se reposer sous son manteau de neige pour refleurir plus belle, quand sera venue la saison nouvelle, les glaces ne seront point éternelles et que, d'ailleurs, il est d'autres plaisirs qui pourront nous charmer durant ce temps.

A côté des plaisirs mondains qui nous convient aux bals et au théâtre, la vue de l'hiver éveille en nous d'autres idées que nous entrevoyons au travers des brumes légères qui flottent devant nos yeux, les plaisirs tranquilles du coin du feu, les satisfactions de l'ardente et pieuse charité que ne rebute ni le froid, ni le vent pour aller soulager nos misères humaines.

Chacune de ces quatre figures est supportée par un écus-

son blanc, au centre duquel se lisent les mots latins appro-
priés à chaque saison : *Ver — Hiems — Ætas — Au-
tumnus*. Tout le fond de la coupole est couvert par un
travail très riche d'arabesques et de festons s'enroulant
sur eux-mêmes en volutes et en rinceaux de couleurs
éclatantes sur fond d'émaux d'or fin.

Le milieu du dessin général est rempli des formes les
plus bizarres, où l'imagination de chacun peut retrouver
à son gré les fleurs d'orchidées les plus singulières, les
gueules de bull les plus menaçantes, ou les têtes d'oi-
seaux de proie les plus fantastiques, mais qui forment en
tout cas un ensemble charmant.

Pour séparer les quatre grandes figures hardiment
jetées dans l'espace et dont la vivacité de coloris fait
ressortir l'élégance de la ligne, quatre cartouches de
style grec, doivent, dit notre aimable confrère du *Lyon
républicain*, révéler aux siècles futurs d'une manière plus
durable que modeste les noms désormais célèbres de
l'architecte Boudier qui a conçu la décoration, du peintre
dessinateur Lameire qui l'a traduite avec un grand talent
sur ses cartons [1] et du mosaïste Salviati qui l'a exécutée
en transmettant à son œuvre le plus grand relief dans les
figures, leurs emblèmes et leurs accessoires ; enfin le
millésime de l'année qui a vu commencer et mettre en
place en un peu plus de six mois, chose presque incroya-
ble, un ouvrage des plus importants et des plus beaux de
décoration murale parmi tous ceux du même genre accom-
plis pendant ce siècle.

La décoration des quatre petites coupoles est du même

---

[1] Ces cartons ont dû être offerts au Musée des Arts décoratifs à
Paris.

style, mais sans figures et sans autre dessin que la ligne polychromique relevée par des cabochons de nuances diverses et les figures, en plus petit, du fond général.

Les arcs doubleaux ont au contraire chacun une figure allégorique de moins grande dimension que celles de la grande coupole, en forme de médaillons et qui symbolisent les éléments, l'eau, l'air, la terre et le feu.

Au-dessus du grand salon, c'est un jeune garçon tenant un thyrse et qui est monté sur une panthère au milieu de raisins et de pampres ; en face, une jeune fille qui a enfourché une chèvre capricieuse et lance des roses dans l'espace ; du côté du jardin, c'est un enfant joufflu monté sur un tigre qu'il excite en le frappant avec des fleurs, et en face de ce dernier un enfant dans l'espace au milieu d'hirondelles et dans un nuage de feu.

De chaque côté du médaillon, des gerbes de feuillage et de fleurs autour desquelles s'enroulent de gracieuses banderolles qui portent les noms de quatre stations minérales de la Savoie, Aix-les-Bains, Saint-Gervais, Marlioz et Challes.

Ce motif se répète deux fois sur chaque arc doubleau et nous avouons que tout en lui reconnaissant une symétrie parfaite, nous eussions préféré une autre combinaison qui était d'ailleurs dans la pensée primitive de l'architecte.

Chacun des arcs doubleaux aurait pu recevoir le nom des eaux, des montagnes des fleuves et lacs, et des promenades les plus célèbres de la Savoie.

Telle est la description de ce magnifique travail qui produisit du reste sur tout le monde un effet prodigieux.

Quand la voûte du Hall, qui ne mesure pas moins de 3,500 pieds anglais, apparut aux yeux émerveillés des spectateurs dans toute son étendue et dans toute sa splen-, deur, la vue de ce chef-d'œuvre souleva un enthousiasme général.

Tous les assistants sans exception furent frappés de la richesse, de la variété de cet art qui fit la gloire des artistes du Moyen-Age et que Salviati a ressuscité.

Chacun le félicitait chaleureusement de l'heureuse occasion qu'il avait eue de pouvoir déployer avec autant d'abondance la richesse et la variété des moyens et des effets. On admirait les ressources innombrables dont on peut disposer dans ce genre de décoration murale, qui a le grand avantage de joindre à une incomparable splendeur une durée presque indéfinie que n'altère ni le temps ni les éléments.

On admirait également la grâce, le moelleux du dessin, l'harmonie des couleurs où les nuances les plus tendres se mariant aux tons les plus violents, n'ont rien de heurté et ressortent néanmoins avec une vigueur du plus bel effet sans troubler par la moindre dissonance l'aspect général.

La presse de son côté a été unanime à confirmer les appréciations du public, et l'on peut affirmer qu'une œuvre murale de ce genre et de cette importance n'a certainement point d'égale en ce moment et, sous quelques rapports même, dans les siècles passés.

Non pas que les maîtres mosaïstes anciens n'aient pu atteindre à une aussi grande richesse de couleurs, à une auss grande variété de tons, mais parce que la mosaïque s'appliquait d'une manière presque générale alors à des décorations d'un caractère essentiellement religieux, plus sévère naturellement et qui laissait moins de latitude à la fantaisie de l'artiste.

La foule élégante qui se pressait dans l'enceinte du

Hall autour de Salviati écoutait avec intérêt les détails qu'avec sa bonne grâce habituelle, il donnait sur son industrie.

On paraissait étonné de lui entendre dire que depuis 25 ans qu'il avait jeté son bonnet d'avocat par dessus les moulins pour se consacrer entièrement à son art, il n'avait point encore accompli un ouvrage aussi étendu, aussi considérable et qui lui eut produit une plus entière satisfaction.

Les éloges ne lui ont pas manqué du reste dans cette circonstance.

Il aime encore à rappeler que la princesse Béatrice qui se trouvait à Aix en ce moment et qui venait fréquemment au Cercle, avait bien voulu lui donner un nouveau et précieux témoignage de sa haute bienveillance et de sa sympathie, en venant visiter tout spécialement la nouvelle merveille de l'artiste éminent qui avait illustré la chapelle de Woolsey à Windsor, le mausolée de Frogmore, le monument du prince Albert, son père, à Hyde Park et dont elle avait déjà, dans une circonstance antérieure, apprécié le talent artistique.

La disposition des lieux fait que l'œil ne se rend pas un compte bien exact de la grandeur des surfaces couvertes par les mosaïques du Hall. Nous avons dit plus haut qu'elles n'étaient pas inférieures à 3,500 pieds carrés anglais.

Si nous consultons la liste des travaux de Salviati, nous les trouvons fort nombreux, mais il en est peu qui atteignent des proportions supérieures à 500 pieds carrés anglais. Les décorations de la chapelle entière de Woolsey dans le château royal de Windsor et le mausolée de Frogmore n'atteignent ensemble que 2,900 pieds.

Les travaux effectués pour le vice-roi d'Egypte dans le palais de Metz, près d'Alexandrie, n'atteignent que 2,000 pieds ; la décoration intérieure et extérieure du monument du prince consort à Hyde Park ne dépasse pas 1,200 pieds ; il en est de même de la voûte de la grande salle centrale du Palais du Parlement à Westminster (Londres).

La mosaïque exécutée sur la façade de l'église d'Erfurt et qui représente la Madone et l'Enfant Jésus de proportions colossales n'atteint que 500 mètres carrés. La restauration des mosaïques sur les parois et le sol de la basilique de Saint-Marc, à Venise, n'a pas dépassé encore le même chiffre, non plus que les deux lunettes sous la coupole de la cathédrale de Saint-Paul à Londres.

On voit par ces quelques citations des travaux les plus importants, comme étendue, du docteur Salviati que ceux qu'il vient d'exécuter au Cercle d'Aix, doivent être considérés comme ce qu'il a fait de mieux et de plus considérable tout à la fois, car à égalité de surfaces, la coupole de la cathédrale de Charlemagne, à Aix-la-Chapelle, où les murs extérieurs de la pagode du roi de Siam à Bankok n'ont point, parait-il, le même éclat, la même variété de couleurs.

7532. — Chambéry, imprim. Chatelain, avenue du Champ-de-Mars.

www.ingramcontent.com/pod-product-compliance
Lightning Source LLC
LaVergne TN
LVHW022140080426
835511LV00007B/1184